DIE ZEIT Klassik-Edition
20 große Interpreten in 20 Bänden

Mit dem Besten aus der ZEIT,
u.a. mit Beiträgen von
Heinz Josef Herbort und Hanjo Kesting

Band 2
Herbert von Karajan

Zeitverlag Gerd Bucerius GmbH & Co. KG

Impressum:

Herausgeber
Zeitverlag Gerd Bucerius GmbH & Co. KG
Pressehaus
Speersort 1
20095 Hamburg

Die ZEIT Klassik-Edition erscheint im Zeitverlag Gerd Bucerius GmbH & Co. KG.

Musikaufnahmen EMI Music Germany GmbH & Co. KG

Redaktionsleitung Volker Hagedorn
Redaktion Maren Soehring
Bildredaktion Andy Heller
Grafische Konzeption und Einbandgestaltung Ingrid Nündel
Satz und Repro Zeitverlag Gerd Bucerius GmbH & Co. KG
Druck und Bindung GGP Media GmbH, Karl-Marx-Str. 24, 07381 Pößneck
Printed in Germany
Bildnachweis Einband, Umschlag und CD Werner Neumeister, München
ullstein bild/imagno, Lauterwasser/ullstein bild
ISBN Gesamtreihe: 3-476-02200-5
ISBN Band 2: 3-476-02202-1

» Es lohnt sich, mit der Tradition zu brechen, wenn dabei etwas Künstlerisches herauskommt. «

Herbert von Karajan

Inhalt

In Deutschland hing lange ein Bannfluch über ihm. Die Musiktheoretiker Theodor W. Adorno und René Leibowitz hatten Jean Sibelius' Musik apodiktisch verurteilt. Dagegen fanden seine Sinfonien in den angelsächsischen Ländern schon früh begeisterte Anhänger. Dort fühlten sich die Hörer emotional stark angesprochen, in die finnische Weite gezogen und von der eigenwilligen Formsprache des Komponisten fasziniert. Es war Herbert von Karajan, der als erster großer deutscher Dirigent den stigmatisierten Finnen erlöste und seinen sieben Sinfonien konsequent nachspürte. Mit den Berliner Philharmonikern gelangen Karajan zwischen 1976 und 1980 wegweisende Aufnahmen der Sinfonien Nr. 2 D-Dur und Nr. 5 Es-Dur, die bis heute nichts von ihrer brillanten Wucht, ihrer instrumentalen Delikatesse und detailreichen Sprachlichkeit eingebüßt haben. Vor allem besaß Karajan ein untrügliches Gespür für die den Hörer bisweilen überrumpelnden Spannungskurven dieser Musik.

Karajans Aufnahmen – Inhalt der CD

Jean Sibelius (1865–1957)

Sinfonie Nr. 2 D-Dur op. 43 (1902)

1 Allegretto (9:47)
2 Tempo andante, ma rubato (14:33)
3 Vivacissimo (6:43)
4 Finale (Allegro moderato) (16:27)

Sinfonie Nr. 5 Es-Dur op. 82 (1915)

5 Tempo molto moderato – Largamente – Allegro moderato (14:08)
6 Andante mosso, quasi allegretto (8:56)
7 Allegro molto – Largamente assai (9:05)

Gesamtspielzeit 79:47

Berliner Philharmoniker, Herbert von Karajan

Herbert von Karajan – eine Biografie

Sein musikalisches Debüt gibt er schon vor dem Ersten Weltkrieg: Mit viereinhalb Jahren tritt Herbert von Karajan in seiner Heimatstadt Salzburg bei einer Wohltätigkeitsveranstaltung auf – als Pianist. Als er in Anif, seinem Wohnort bei Salzburg, am 16. Juli 1989 stirbt, gilt er als einer der größten Dirigenten des 20. Jahrhunderts.

Der 5. April 1908 ist ein ziemlich verregneter Sonntag, kurz vor Mitternacht bringt die 27-jährige Martha von Karajan ihren zweiten Sohn zur Welt: Heribert Ritter von Karajan lassen die Eltern im Geburtsregister der Stadt Salzburg eintragen. Die Vorfahren der Karajans stammten aus Mazedonien, im 17. Jahrhundert war die Familie Karajannis nach Österreich eingewandert. Vater Ernst von

Karajan arbeitet als Chefchirurg am Landeskrankenhaus. Er liebt Musik und spielt in seiner Freizeit Klarinette. Seine Leidenschaft gibt er an Herbert weiter, der schnell als Wunderkind gilt: Bereits mit vier Jahren bekommt er Klavierunterricht. Außerdem interessiert er sich für Naturwissenschaften – und Sport: Er fährt Ski, segelt und ist als Fußballtorwart „ein kühner Hechter", wie ein Freund aus Jugendtagen sagt. Noch während der Schulzeit beginnt Karajan das Klavierstudium am Salzburger Mozarteum. Er möchte Konzertpianist werden, doch sein Lehrer Bernhard Paumgartner ist skeptisch: „Du, was du dir vorstellst unter Musik, das kann man mit zwei Händen nicht ausführen, dazu brauchst du ein Orchester. Ich kann dir nur raten, werde Dirigent." Karajan lässt sich überzeugen und studiert Klavier und Dirigieren an der Musikakademie in Wien.

Die Suche nach der ersten Anstellung muss mühsam gewesen sein. Karajan erzählt von klebrigen Nächten in Eisenbahnwaggons und Wartestunden in Bahnhofsrestaurants während seiner Reisen zu Vorstellungsgesprächen. Mit 20 wird er Kapellmeister am Stadttheater in Ulm, einer kleinen Stadt mit einem noch kleineren Orchester. Mit Mozarts *Hochzeit des Figaro* hat er hier 1929 seinen ersten großen Erfolg. Fünf Jahre lang bleibt Karajan in Ulm, dann verlängert der Intendant seinen Vertrag nicht mehr: „Sie sind in Gefahr, hier zu versauern." Karajan knüpft Kontakte nach Aachen, wo er 1935 am Stadttheater mit 27 Jahren jüngster Generalmusikdirektor Deutschlands wird. Es folgen Gastspiele in den wichtigsten Häusern Europas: der Mailänder Scala, wo Karajan mit seinem Vorbild Arturo Toscanini arbeitet, der Wiener Staatsoper und schließlich bei jenem Orchester, das später so eng mit seinem Namen verbunden sein wird: den Berliner Philharmonikern. Im September 1938 dirigiert er in der Berliner Staatsoper Beethovens *Fidelio*, gut vier Wochen später feiert er mit Richard Wagners *Tristan und Isolde* endgültig den internationalen

Zu Lande, zu Wasser und in der Luft steuerte Karajan am liebsten selbst – er war der erste Dirigent mit Pilotenschein

Durchbruch – der Kritiker Edwin von der Nüll ruft das „Wunder Karajan“ aus. Reichspropagandaminister Joseph Goebbels protegiert den jungen Österreicher in den Folgejahren.

Karajans Verhältnis zu den Nationalsozialisten ist oft diskutiert worden. Karajan selbst hat sich als Opportunist gesehen. „Ich hätte damals meine Großmutter für meine Karriere verkauft“, sagt er nach dem Krieg. Schon 1933, im Jahr der Machtergreifung, beantragt er die Mitgliedschaft in der NSDAP, verfolgt den Antrag aber nicht weiter und bekommt nur eine provisorische Mitgliedsnummer. Parteigenosse wird er erst 1935 auf Befehl der Aachener Stadtverwaltung, die das zur Bedingung für seine Einstellung als Generalmusikdirektor macht. Anlässlich des Kreisparteitages der NSDAP führt er dort im gleichen Jahr mit 750 Sängern und über 100 Instrumentalisten den Adolf Hitler gewidmeten Zyklus *Feier der neuen Front* von Richard Trunk auf. 1940 fällt der Dirigent bei den Nationalsozialisten jedoch erstmals in Ungnade, nachdem Hitler eine Aufführung von Richard Wagners *Meistersingern* gesehen hatte, in der einer der Sänger betrunken aufgetreten war. Die Partei schließt Karajan 1943 wegen seiner ersten Ehe mit der „Halbjüdin“ Elmy Holgerloef aus, obwohl die beiden damals schon seit einem Jahr geschieden sind.

Nach dem Krieg verbieten die Alliierten ihm, als Dirigent zu arbeiten, erst 1947 wird das Auftrittsverbot aufgehoben. Karajan bleibt stets gelassen. „Meine Zeit wird kommen“, schreibt er einem Freund. Der britische Produzent Walter Legge, der in London das Philharmonia Orchestra aufbaut, engagiert den Österreicher für Plattenaufnahmen. Karajan macht zum zweiten Mal Karriere. Der Philosoph und Musiktheoretiker Theodor W. Adorno nennt ihn spöttisch den „Genius des deutschen Wirtschaftswunders“. Ende der fünfziger Jahre hat Karajan so viele Posten inne wie kein Dirigent vor ihm: Er wird Chefdirigent der Wiener Symphoniker, ständiger Dirigent der Mailänder Scala, Leiter der Salzburger Festspiele und der Wiener Staatsoper – und 1955, als Nachfolger Wilhelm Furtwänglers, Chefdirigent auf Lebenszeit der Berliner Philharmoniker.

„Ich lebte damals in permanenter Hektik", hat Karajan im Rückblick über diese Zeit gesagt. Einen typischen Arbeitsmonat schildert 1956 das *Time Magazine:* „Letzten Monat besuchte er das Salzburger Festival, dann sauste er nach Luzern für das nächste Festival, dann flog er zur Insel Ischia, wo er sich ein paar Tage erholte. Von dort brach er mit seiner 50-Tonnen-Yacht nach Portofino auf, fuhr mit dem Auto nach Genua, nahm den Flieger nach Zürich, wo

Scheiben, die die Welt bedeuten: Karajans Karriere war eng verknüpft mit der Entwicklung der Tonträger – von der LP bis zur CD

er in seinen silbergrauen Mercedes 300 SL stieg und mit 150 Sachen nach Luzern zu Proben fuhr." Große Yachten, teure Autos, ein Pilotenschein – Karajan gilt bald als Jet-Set-Dirigent, der das schöne Leben genießt. 1958 heiratet er in dritter Ehe die Französin Eliette Mouret, ein ehemaliges Fotomodell. Das glamouröse Ambiente hat Karajan nicht immer gefallen. „Ich gehe nicht gern auf Partys", sagt er. Der Produzent Michel Glotz, bescheinigte ihm einmal die „Schüchternheit und das Misstrauen von Bergbewohnern".

Trotzdem versteht es Karajan während seiner 60 Jahre langen Karriere stets meisterhaft, sich selbst in Szene zu setzen: Er ist der Medienstar seiner Zunft. Das Zeitalter der technischen Reproduzierbarkeit nutzt er schon für sich, als die Schallplatte noch neu und die Konkurrenz auf Tonträgern klein ist. 1938 schließt der Dirigent, der in Wien vor seinem Musik- auch ein Technikstudium begonnen hatte, seinen ersten Vertrag mit der Deutschen Grammophon ab. Nach dem Krieg handelt er mit zwei Labels – paradox genug – einen „geteilten Exklusiv-Vertrag" aus. Zeitweise ziert fast jede zweite Platte der Deutschen Grammophon sein Bild. Die von ihm gegründeten Salzburger Osterfestspiele nutzt er 1981 dazu, der Weltöffentlichkeit einen neuen, revolutionären Tonträger vorzustellen: die Compact Disc. Bis 1988 hat Karajan rund 700 Aufnahmen eingespielt und mehr als 100 Millionen Tonträger verkauft.

Doch nicht nur sein Vermarktungsgeschick macht ihn erfolgreich. Sein Repertoire entspricht in großen Teilen den Erwartungen und dem musikalischen Geschmack des Bildungsbürgertums: Vorwiegend dirigiert Karajan die klassisch-romantischen Standardwerke – allein Beethovens Sinfonien liegen in fünf Gesamteinspielungen unter seiner Leitung vor. Mit den Berliner Philharmonikern – von manchen als „Zirkus Karajani" bespöttelt – kultiviert er einen cineastisch

Der weiße Rollkragenpullover gehörte zum Karajan-Image ebenso wie die schwere Armbanduhr

gesättigten Klang. Stilistisch orientiert er sich, wie die Enzyklopädie *Musik in Geschichte und Gegenwart* urteilt, an Toscanini, „ohne dessen geschärfte Melodik und rhythmische Prägnanz zu erreichen“. Doch der Kritik an der Kälte, ja Starrheit mancher Aufnahmen steht immer wieder Bewunderung für Delikatesse, Klangdifferenzierung, große Spannungsbögen gegenüber. Als Operndirigent in Salzburg macht er die Berliner Philharmoniker zum subtilsten Wagner-Orchester der sechziger Jahre. Als Opernregisseur geht er über solide Bildarrangements indessen kaum hinaus.

Das Fernsehen fasziniert Karajan von Anfang an. „Um die Zuhörerschaft eines einzigen Televisionskonzerts live zu erreichen, müsste ich 50 Jahre lang jeden Tag dirigieren“, sagt er. Das Silvesterkonzert der Berliner Philharmoniker von 1977 sehen 130 Millionen Zuschauer. Außerdem arbeitet Karajan an einem „optisch-musikalischen Gedächtnis“ auf Video und Laserdisc; 45 Videoproduktionen von Opern und Konzerten stellt seine eigene Firma Télémondial her. Seine Rastlosigkeit nimmt erst ab, als er Ende der siebziger Jahre einen Bandscheibenvorfall erleidet, der ihn an den Rand einer Querschnittslähmung bringt. Neun Stunden lang dauert die Operation, die ihn vor dem Rollstuhl rettet. Die Krankheit verändert ihn. „Ich sehe die Dinge nun anders“, sagt er. „Ich habe viel mehr Ruhe als früher.“ Langsam schwindet sein Einfluss. Immer wieder beschweren sich die Orchestermusiker auch über seinen herrischen Führungsstil. Die Auseinandersetzungen um seine Rolle als Dirigent der Berliner Philharmoniker gipfeln 1982 in dem Eklat um die junge Klarinettistin Sabine Meyer. Als Karajan sie als Solo-Klarinettistin engagieren will, meutert das Ensemble.

1988 veröffentlicht der *Spiegel* eine Geschichte über den „Finanz-Magier“ Karajan, die zum ersten Mal offen legt, wie Karajan öffentliche Posten und private Geschäftsinteressen miteinander vermengt hat. Als es mit dem neu gewählten Berliner Senat 1989 zum Streit um Vertragsdetails kommt, reicht Karajan stolz seine Kündigung ein. Noch einmal schicken die Berliner Philharmoniker

Sein letztes Konzert gab Karajan am 23. April 1989 in Wien. Die Wiener Philharmoniker spielten Anton Bruckners 7. Sinfonie

zwei Abgesandte zu seinem Haus in Anif. Sie sollen den Dirigenten umstimmen. Doch Karajan empfängt sie nicht einmal. „Er ist nicht weiser geworden auf seine alten Tage", hat der ehemalige Intendant der Berliner Philharmoniker, Wolfgang Stresemann, einmal gesagt. Ein enger Freund aus dieser Zeit nennt Karajan einen „traurigen, alten Mann".

Am 16. Juli 1989 sitzt Herbert von Karajan mit dem Sony-Präsidenten Norio Ohga in seinem Haus in Anif im Schlafzimmer. Ohga hat ihm ein Angebot für seine Konzertfilme gemacht. Schon tags zuvor hatte sich Karajan unwohl gefühlt. Während des Gesprächs mit Ohga sinkt er zurück und stirbt an einem Herzinfarkt.

Mit den Berliner Philharmonikern gelangen Karajan wegweisende Aufnahmen der Sinfonien des Finnen Jean Sibelius

Karajans Musik – Sinfonien von Sibelius

Pflanzen, Wellen, Saurier – Jean Sibelius und seine Sinfonien Nr. 2 und Nr. 5

Daheim in Finnland ist er mehr als nur der Übervater. Er ist der Tyrannosaurus Rex, dessen gewaltigem mythischem Schatten alle entkommen wollen und es doch nicht können. Es gibt dort droben keinen anderen, der es an weltumspannender Majestät und Geltung mit ihm aufnehmen könnte. Jean Sibelius ist der finnische Komponist schlechthin, auch wenn es in der zweiten Hälfte des 20. Jahrhunderts im Nordosten Europas ein paar Kinder nach oben geschafft haben, etwa Aulis Sallinen, Joonas Kokkonen, Einojuhani Rautavaara, Magnus Lindberg, Kalevi Aho und Kaija Saariaho. An Sibelius kommt keiner vorbei.

Die abgeschlossene und monopolistische Erscheinung ist typisch für das Musikleben Skandinaviens, man findet sie auch in Norwegen, Schweden und Dänemark, wo es in Grieg, Berwald und Nielsen

Frühstück in Finnland: Der 42-jährige Jean Sibelius auf seinem Landsitz Ainola bei Helsinki, 1907

ebenso übermächtige Epochenvertreter gab, die wie Solitäre in der jeweiligen nationalen Musiklandschaft standen. Sie sind sozusagen phänotypisch für die karge Besiedelung dortzulande.

Jean Sibelius wurde am 8. Dezember 1865 in Hämeenlinna geboren, er starb am 20. September 1957 in Järvenpää. Das sind die kleinstädtischen finnischen Rahmenpunkte einer durchaus kosmopolitischen, zunächst durch Sprache und Familie schwedisch geprägten Biografie. Er kannte die wichtigsten Komponisten seiner Zeit, wenn schon nicht persönlich, dann doch durch genaues Studium ihrer Werke. Eigentlich sollte er Jurist werden – eine typisch umwegige Berufsfehlplanung vieler bedeutender Musiker. Dann sattelte er um und studierte Komposition bei Wegelius in Helsinki, bei Bargiel in Berlin sowie bei Goldmark und Fuchs in Wien. 1893 kehrte er in seine Heimat zurück. Er hatte genug gesehen, gehört und gelernt. Er war bereit für Finnland. Vor allem war er bereit für die Sinfonik. Aber er wollte kein finnischer Dvořák oder Grieg werden, er hasste, wie er einmal schrieb, die „engbrüstige nationale Mundartmanie". Um die entscheidenden Ideen zu seiner zweiten Sinfonie D-Dur op. 43 zu bekommen, musste er erst wieder in die Ferne reisen – nach Italien.Im Frühjahr 1901 bereiste er das Land mit seiner Familie, kam dabei nur mühsam und erst in Rom wirklich zum Komponieren – immer mit dem Gedanken an eine Vertonung eines Teils von Dantes *Göttlicher Komödie*. Aber was er dort skizzierte, wurde in Wirklichkeit das zweite Thema des langsamen Satzes der zweiten Sinfonie. Den Sommer verbrachte er daheim im Haus seiner Schwiegermutter in Lohja, wo er unabhängig von Aufträgen komponieren konnte. Längst wirkte sich eine segensreiche Tat seines einflussreichen Freundes Alex Carpelan aus. Der hatte bei Mäzenen für Sibelius eine regelmäßige vierteljährliche Unterstützung erwirkt, von der Sibelius prächtig leben konnte.

Es waren dann natürlich die finnischen Musikfreunde, die von der im Frühjahr 1902 fertig gestellten Sinfonie glaubten, sie bilde den Widerstand des finnischen Volkes gegen die russische Allgegenwart ab – 1899 hatte der Zar dem Nachbarn im Norden die Autonomie

genommen. Dabei wollte Sibelius ja gerade einer heimatlich unterfütterten Programmmusik entkommen. Die Uraufführung des Werks in Helsinki im März 1902 wurde jedenfalls ein triumphaler Erfolg, und die Legende von der nationalen Inspiriertheit des Werkes hielt sich beharrlich. Sibelius musste noch 1939 dementieren, dass das Werk „irgendwelche politischen Motive" besitze.

Man muss beim Beginn des ersten Satzes nicht sonderlich scharf zuhören, um zu begreifen, dass sich etwas Ungewöhnliches ereignet. Eine Folge von Streicherakkorden nimmt merklich Anlauf zum Thema – „wie eine Begleitung, die wartet, bis es etwas zu begleiten gibt" (so der Musikwissenschaftler Michael Steinberg). Es kommt aber erst gar nichts, die Begleitung ebbt ab, nimmt neuen Anlauf – und dann schleicht sich wie von der Seite ein fast schäkerndes Holzbläseraar ein, dem sich die Streicher wieder zugesellen, bis ein Hornquartett Einhalt gebietet. So unorthodox geht es weiter. Das sinfonische Gesetz vollzieht sich im weiteren Verlauf ganz anders, als wir es von Beethoven bis Brahms gewohnt sind. Wir hören nicht die Struktur eines Sonatenhauptsatzes, sondern eine schier pflanzliche Genese, ein Werden der Elemente, das alle traditionelle Verarbeitungsmechanik über Bord wirft und gegen eine Verdichtung der Themen eintauscht. Das ist zwischen Spätromantik und Neoklassizismus ganz neu; Sibelius sprach von der „tiefen Logik, die einen inneren Zusammenhang zwischen allen Motiven schafft".

Der zweite Satz setzt die mäandernden Entwicklungen fort. Jetzt hören wir zu Beginn eine beinahe tollkühne Unisono-Linie von Kontrabässen und Violoncelli im Pizzicato, die der Dirigent Sir Thomas Beecham einmal als „Dahinschlängeln eines liebenswürdigen Bandwurms durch das tiefere Register des Orchesters" beschrieb. Kurios, dass das kirchentonartlich gefärbte Thema dann in den Fagotten auftritt, von Ferne umdonnert von Pauken und schwerem Blech. Darin stecken zwei gegenläufige musikalische Erfahrungen: einmal die von Wagners *Walküre,* sodann die der späten Sinfonien Tschaikowskys. Doch Sibelius wehrt sich abermals gegen jede formale

Balance; der Satz erinnert mit seinen hoch expressiven Spannungen vielmehr an ein rhapsodisch aufbrausendes Gebilde. Der dritte Satz ist ein echtes, mit Vivacissimo überschriebenes Scherzo. Hier war Beethoven der Pate. Aber die Themen sind nichts anderes als Variationen aus Gedankengut der beiden vorangegangenen Sätze. Bis ins Finale, in das dieser hoch virtuose Satz mit seinen Stromschnellen wie in ein Delta mündet, hält Sibelius einen originellen Kontrast als Spannungsrahmen aus: Orgelpunkt und Ostinato. Zwischen Liegeton und Motivwiederholung entsteht unberechenbarer Wellengang. Dieses Finale ist eine heroische, vom Blech beglänzte Parade, die wie in einem verspäteten Gruß an die Tradition als modifizierte Einlösung der Sonatensatzform auftritt. Finnisch ist das allenfalls in seiner lichtlosen Weite; sie wird zwei Mal aus manischem d-Moll in jene gleißende D-Dur-Grundtonart gesteigert, die Sibelius an die Farbe Gelb erinnerte. Die Gegeneinanderbewegung, in die die Themen wie in ein Mahlwerk geraten, ist streng und unerbittlich.

Wie sehr Sibelius als autarker Sinfoniker allen politischen Zeitläuften widerstand, zeigt sich noch gewaltiger in seiner fünften Sinfonie Es-Dur op. 82. Die komponierte er während des Ersten Weltkrieges, doch sie trägt alle Zeichen einer Emigration in den Optimismus, in die lustvolle Auseinandersetzung mit dem Prinzip Sinfonie. Im Kopfsatz begegnen dem Hörer nicht weniger als vier Themen, für die es keine Durchführung geben kann, sondern nur eine Steigerung durch Wiederholung und Variation. Schon der Beginn zeigt ein für Sibelius typisches Verfahren: die minimalistische Rotation. Da sind nur Bläser in sanfter Bewegung unterwegs, die nicht von der Stelle kommen; erst spät hinzutretende Streicher bringen die Bläserlinien in Vibration, in Aufregung.

Das ist abermals eine spektakuläre Umgewichtung von sinfonischen Standards; wieder kommt die Musik nicht aus der Form, sondern schafft sie sich neu. Das Eingangsmotiv des Satzes gerät in einen Zeitraffer, der ihm den Boden beinahe wegreißt, wie ein wahnsinnig beschleunigter „Film über eine aus dem Samen bis zur vollen

Blüte wachsende Pflanze“ (Stephen Johnson). In der von Karajan favorisierten endgültigen Fassung (1919) der von Sibelius mehrfach umgearbeiteten Sinfonie ergibt sich das tumultuöse Scherzo wie in einer Teilchenbeschleunigung aus dem Kopfsatz. Sibelius fand für die sonderbare Art der Entwicklung eine treffende Beschreibung: „Es ist, als ob Gott der Vater die Stücke eines Fußbodenmosaiks vom Himmel heruntergeworfen und mich gebeten hätte, festzustellen, was für eine Art von Bild es sei.“ Was für eine Art von Sinfonie diese Fünfte ist, zeigt uns der zweite Satz, das Andante mosso, nicht minder eindrücklich. Hier haben wir, glauben wir, endlich die uns so lange vorenthaltene Folklore vor uns, naturhaft Melodiöses, das sich als Variationsreihe aufbaut. Doch sind da wieder untergründige Tremoli (die Sibelius außerordentlich liebte), bedrohliche Aggregatfelder und bedrückende Blechbläserszenen.

Der Schlusssatz, ein wieseliges Allegro molto, wirkt in dieser sinfonischen Landschaft wie ein abendliches Fest in lockeren Farben, bei dem sich das Orchester alsbald zu einem erhebenden Gesang auf den Schwan versammelt. Tatsächlich, Sibelius hatte von seiner „Schwanenhymne“ gesprochen: „Heute sah ich 16 Schwäne. Du lieber Himmel, was für eine Schönheit! Der Schwanenruf ist der Trompete ähnlich. Naturmystik und Lebensangst! Das Thema für den Schlusssatz der 5. Symphonie: Legato in den Trompeten!“ Das sind viele Ausrufezeichen der Emphase, und von „Lebensangst“ hörten wir namentlich noch nicht bei Sibelius. Sie wird aber nicht einfach verscheucht, sie wird ausgetrieben, nämlich durch einen Choral, mit dem der Satz dem Ende entgegentreibt. Eisiger kann eine Sinfonie nicht enden: durch eine Reihe von gehämmerten Akkorden, die von langen Generalpausen unterbrochen wird. Erst eine abrupte Kadenz aus zwei Akkorden bringt das Stück zum Verstummen. Als die Sinfonie beendet war, stand Finnland nach einem entbehrungsreichen Krieg völlig isoliert da. Sibelius, der Sinfoniker, war nun allerdings völlig bei sich.

Wolfram Goertz

Reportagen, Porträts, Essays und Kritiken

Herbert von Karajan und die ZEIT – das Beste aus 60 Jahren

DIE ZEIT

FRISEUR
Pea
KAKAO
PRALINEN
SCHOKOLADEN

Karajans erster Auftritt in der *ZEIT* ist nur eine kleine Meldung im Jahre 1949. Da ist der Dirigent 41 Jahre alt.

DIE ZEIT 24. November 1949, Nr. 47

Aufstieg aus Wien

Die Wiener Symphoniker unternehmen im Januar 1950 ihre erste Deutschlandreise nach dem Kriege. Die Leitung der zwölf vorgesehenen Konzerte (unter anderem in München, Stuttgart, Frankfurt, Hannover, Hamburg, Düsseldorf, Wuppertal, Bielefeld und Aachen) hat Herbert von Karajan. Die Wiener Symphoniker sind aus dem Konzertvereinsorchester Ferdinand Löwes hervorgegangen, das 1900 gegründet wurde. Ihre Deutschlandreise fällt demnach ins Jahr ihres 50-jährigen Bestehens. Zuletzt konzentrierte sich das Wiener Orchester 1936 in Deutschland, auf dem Wege nach England. Seit dem Kriege hat es einen neuen Aufstieg genommen, den es vor allem seiner Zusammenarbeit mit Karajan verdankt.

(ursprünglich erschienen unter dem Titel „Wiener Symphoniker kommen nach Deutschland")

Auch Hamburg – hier die Mönckebergstraße 1949 – zählte zu Karajans ersten Auftrittsorten nach dem Krieg

1955 wurde Karajan Chefdirigent der Berliner Philharmoniker. Grund genug für die *ZEIT*, ihm in der Reihe *Deutsche Dirigenten* ein Porträt zu widmen. Wenig später wurde Karajans Vertrag in Berlin auf Lebenszeit verlängert.

DIE ZEIT 29. Dezember 1955, Nr. 52

Zu schnell für den „Führer“

Von Max Pahl

Auf Furtwänglers Nachfolger in der Berliner Philharmonie sind die Exilrumänen stolz. Hatte schon ihr Landsmann Sergiu Celebidache das berühmte Orchester in den ersten Nachkriegsjahren durch alle Fährnisse durchgesteuert, so freuen sie sich jetzt – wie man dem *Exilul Romanesc*, dem nationalrumänischen Blatt in Nürnberg, entnehmen kann –, dass Herbert von Karajan Chef der Philharmoniker wurde: Schließlich sei er griechischmazedonischen Blutes. Karajanoloulos heiße eigentlich der Familienname des Dirigenten, der 1908 als Sohn des Primaarztes vom St.-Johann-Spital in Salzburg zur Welt gekommen ist. Die Musikalität seines Vaters, der – ein echter Liebhaber der Musik – im Mozarteum-Orchester die Klarinette blies, ist für das Werden Herbert von Karajans bestimmend geworden.

Als 30-Jähriger war Karajan Generalmusikdirektor in Aachen. Die Späher des Opernintendanten Tietjen sahen und hörten Karajan in seinem ersten Gastkonzert in der Berliner Philharmonie und berichteten ihrem Chef: „Auf diesen Mann haben wir gewartet.“ So wurde Karajan eingeladen, Wagner zu dirigieren. Aber Hitler, der die *Meistersinger* kannte, registrierte einige nervöse Tempoübersteigerungen Karajans in der Berliner Staatsoper mit Stirnrunzeln, und schon war für den neben dem „Führer“ sitzenden Goebbels der Fall zunächst klar: Karajan geriet in Ungnade. Dann aber wurde dieser junge Mann außerhalb Berlins berühmt und als Auslandsdirigent propagandistisch so wichtig, dass Goebbels selbst 1943 die Sondergenehmigung zu Karajans zweiter Ehe mit einer „Nichtarierin“ besorgen und sein Ministerialdirektor dem prominenten Paar die Auslandspässe für die Hochzeitsreise überreichen musste.

Das Extreme ist bisher das Kennzeichen von Karajans Dirigentenkarriere geblieben. Als er in Berlin erschien, war seine sachliche Musiziergesinnung ein viel beachteter Gegenpol zu Furtwänglers genial-eigenwilliger Ausdeutung der klassischen Sinfonik. Aber plötzlich kam Karajan auf den Geschmack des Effekts. In Beethovens siebenter Sinfonie und bei Liszt verdoppelte er die Bläser und trieb das Tempo in den Exzess. Dann wieder hörte man auch wieder eine *Tristan*-Aufführung von ihm, deren Ruhe und Reife für Karajans Alter unheimlich wirkte. Die kalte Mache seiner Interpretation von Beethovens neunter Sinfonie bei den Salzburger Festspielen 1949 wirkte dagegen so ernüchternd, dass Furtwängler sich einer Wiederverpflichtung dieses Dirigenten widersetzte. Die Folge: tiefe Verstimmung zwischen Furtwängler und Karajan auch in Wien ebenso wie vorher in Berlin, wo Karajan von 1939 bis 1952 kein Philharmonikerkonzert mehr dirigiert hatte.

Karajan hatte die Nerven, abzuwarten, ja, Kompromissangebote hochfahrend abzulehnen. Inzwischen wusste er sich zu helfen. Von den beiden Spitzenorchestern auf Lebenszeit Furtwänglers abgeschlossen, arbeitete der scheinbare „Blender“ zunächst mit den

Wiener Symphonikern, die ein Schattendasein führten, und polierte dies Orchester in kürzester Frist zu international bestätigter Brillanz auf. Gleichzeitig erzog er das Londoner Philharmonia Orchestra, das Schallplatten-Ensemble von Columbia und His Master's Voice, zu einem „Perfektionsorchester" von amerikanischer Brisanz. Den Orchestererzieher hatte schon 1938 die Berliner Staatskapelle zu spüren bekommen. Unbekümmert um Anciennität, versetzte der junge Mann Musiker aus der ersten in die letzte Reihe. In Bayreuth, wo Karajan nach dem Kriege versuchsweise mitwirkte und bald wieder ging, führte er eine den Haustraditionen sehr entgegengesetzte Sitzordnung für das Orchester ein. Sogar die Berliner Philharmoniker gerieten zunächst, bevor sie Karajan auf der gemeinsamen Amerikareise einstimmig zum Nachfolger Furtwänglers wählten, in Meuterstimmung: Neben dem üblichen Betrieb hatte er 21 Proben in 14 Tagen angesetzt und die Anwesenheit aller Orchestermitglieder angeordnet.

Herbert von Karajan, der als „Wunder" und als „Rätsel" angesprochen wurde, ist augenblicklich das interessanteste Dirigentenphänomen seiner Generation. Diesem schmalen, sehnigen Sportsmann fielen die höchsten musikalischen Aufgaben zu, ohne dass er sich sonderlich um sie bemühte. Er ist einer der künstlerischen Direktoren der Mailänder Scala. Dabei nimmt er sich denn das Recht, in Mailand auch zu inszenieren, was er dirigiert. Auf Lebenszeit ist er künstlerischer Direktor der Wiener Gesellschaft der Musikfreunde und vereinigt damit in Personalunion die Konzerthaus-Gesellschaft und den Musikverein, die Symphoniker und die Philharmoniker. Sein größter Triumph aber ist und bleibt, dass ihm die Nachfolge seines ihm in Hassliebe verbundenen Gegenpols Furtwängler bei den Berliner Philharmonikern zufiel. Obwohl man ihm dort wegen Abwesenheit

Die Berliner Philharmoniker 1957 bei einer Probe mit ihrem Chef. Karajans Vertrag mit ihnen galt „auf Lebenszeit"

und Ungleichmäßigkeit der Leistungen zuweilen gram ist, wird Karajan mit diesem deutschen Orchester eine zweite Amerikareise machen und außerdem das Londoner Philharmonia Orchestra, den stilistischen Gegenpol der Berliner, durch die Staaten führen. Zwischendurch muss er eine Japan-Tournee absolvieren. All dies kann man nur im Flugzeug bewältigen. Kennzeichnend für Karajan: Er sitzt mit einem Schweizer Pilotenschein selbst am Steuer. An Autos fährt Karajan nur überschnelle Wagen. Und sein Schweizer Skilehrer sagte von ihm: „Ich habe noch nie einen so ehrgeizigen, so sehr um einen ausgefeilten, ästhetisch vollendeten Laufstil bemühten Schüler gehabt."

Ästhetisch vollendet ist auch Karajans Dirigiertechnik, ist seine das Publikum illusionierende Gewohnheit, sich vor und nach einem Konzert sichtbar in Trance zu versetzen und dann – natürlich auswendig – zu dirigieren. Regie der seelischen Ergriffenheit durch einen Motornarren und Sportsmann. Man hat Karajans Auftreten nicht ganz zu Unrecht mit Stokowskis amerikanischen Dirigentenallüren verglichen. Aber das frühe Berliner Witzwort von Herrn von Karajan als einem Herrn von Scharlatan ist doch eine große Ungerechtigkeit gewesen.

Karajan verkörpert einen neuen, extensiven Dirigententyp, dessen Ziel in jeder Hinsicht die Höchstleistung ist. Seine eminente Begabung, sein universales Können, die Vielseitigkeit seiner Interessen und die Bedingungslosigkeit seines Einsatzes lassen nur einen Wunsch an die künftige Entwicklung dieses Dirigenten offen: die Geschlossenheit einer wertbewussten Persönlichkeit.

(ursprünglich erschienen unter dem Titel „Herbert von Karajan")

Neville Cardus (1889–1975) war einer der berühmtesten britischen Journalisten und Musikkritiker. Die *ZEIT* veröffentlichte seine Eindrücke von Karajans Auftritt in Edinburg 1961.

DIE ZEIT 8. September 1961, Nr. 37

Er ist ein Rätsel

Von Neville Cardus

Die Berliner Philharmoniker sind noch immer eines der besten Orchester, die es gibt. Bei den Festspielen in Edinburg wollte der Beifall des Publikums gar kein Ende nehmen. Mir fielen die brillanten Streicher auf mit ihrem vollen Ton, besonders die Bässe, aber auch die sonoren Trompeten und die wunderschön abgestuften Holzblasinstrumente, bei denen allerdings die Oboen für englische Ohren wohl etwas spitz klingen. Das sind noch Musiker!

Was jedoch halte ich von Karajan, dem Dirigenten? Er ist ein Rätsel. Er beherrscht die ihm unterstellten Instrumental-Kräfte, vollständig und umfassend. Er wirkt persönlich eindrucksvoll, geradezu hypnotisch. Aber als jemand, der Musik macht, kann er, offen gestanden, mein Ohr und meine musikalische Fantasie nicht befriedigen. Seine Interpretation der c-Moll-Sinfonie von Brahms, die sich aufregend

genug anließ, war am Ende so leer wie eine Trommel. Er entwirft das ganze Gebäude in großzügigen Umrissen, dann jedoch baut er die einzelnen Sätze als voneinander getrennte Abteilungen auf verschiedenen Stockwerken ein. Und, wenn wir im Bilde bleiben wollen: Es gibt keinen Fahrstuhl. Wir stapfen auf und ab, so eine Art Fußgänger der Musik. Karajan kennt zum Beispiel keinen das Ganze zusammenfassenden, durchgehenden Rhythmus, sodass im Finale nichts zu spüren ist von der abschnittweisen Entwicklungsmethode, wie Brahms sie so liebte. Die Sinfonie hinterlässt dadurch den Eindruck eines sehr gekonnten, aber völlig unorganischen Werkstückes.

Irgendetwas fehlt Karajan an schöpferischer Eingebung, wenn er sinfonische Musik dirigiert. Er interpretiert nicht, er „produziert". Der Anfang des ersten Satzes wirkte zu präzis, und das große Taumeln der Streicher-Stimmen, dieses Schwebende, Fallende, das die tragische Unsicherheit des Menschen in dieser Welt fühlen läßt, klang bei Karajan zuversichtlich und selbstbewusst. Im Finale bekam der Hornruf, dadurch, dass er zu langsam genommen wurde, etwas geradezu Arrogantes. Und der Schluss des Andante, schön und laut gespielt, ließ nichts spüren von dieser reifen Erfüllung eines zwielichtigen Stückes. Karajan ist ein glänzender Operndirigent und leidet, nach seiner sehr eigenwilligen Behandlung dieser c-Moll-Sinfonie zu urteilen, nicht an Hemmungen. Spektakulärer Kraftaufwand mit wenig Entspannung! Und er verwendet die im Wesentlichen gleichen Ausdrucksmittel für völlig verschiedenartige musikalische Stile.

Ich bedaure es eigentlich, dass ich so kritisch über Karajan schreiben muss; denn manches an seiner Art zu dirigieren ist auch bewundernswert. Aber so ist es nun einmal: Am Anfang ist man beeindruckt, aber das legt sich dann bald – wenigstens bei mir. Seine flüssige Wiedergabe der Es-Dur-Sinfonie von Mozart fing bewusst trocken an und erreichte eine gewisse Heiterkeit im Menuett, und im Finale kicherte das Fagott wirklich sehr ansteckend. Und dennoch, auch hier wieder: Die Sinfonie klang leer, jedenfalls wohnte Mozart

nicht in ihr, der immer so klingen muss, dass man spürt, aus welch gutem musikalischem Haus er ist – und trotzdem wie bescheiden! Karajan ist der Dirigent unserer Zeit par excellence, ein Meister machtvoller Oberflächlichkeit. (…)

Ein Heldenleben von Strauss – da war Karajan natürlich in seinem Element! Die Berliner Philharmoniker überschütteten uns jetzt mit Tönen, wie man sie in dieser herrlichen vollen Tiefe hierzulande nur selten hören kann. Als das gleiche Stück vor kurzem von den Londoner Symphonikern unter Stokowski gespielt wurde, klang es mir durchaus reich und prächtig. Aber offen gestanden: Was den Umfang des Tons, den Reichtum der Struktur und kühne, akkurate Instrumentierung anlangt, wirken die meisten unserer englischen Orchester ziemlich provinziell, wenn man sie mit diesem Berliner Orchester vergleicht. Allein wie die Kadenz von *Ein Heldenleben* gespielt wurde, machte deutlich genug, dass dieser Geiger und Konzertmeister jederzeit in der Lage wäre, eine große Karriere als Solist anzutreten.

Als erstes Konzert der Berliner hörten wir – gerade so eben – Weberns *Sechs Stücke, opus 6:* tonale Spielereien für Orchester, recht geeignet vielleicht als Filmmusik. Schönberg sagte – was nicht besonders humorvoll ist –, Webern lege einen ganzen Roman in einen einzigen Seufzer, in sechsfaches Luftholen der Instrumente. Vor ihrem mächtigen Miniatur-Surrealismus kapitulierte sogar Karajan.

(ursprünglich erschienen unter dem Titel „Karajan in Edinburg – Meine Eindrücke von dem Dirigenten der Berliner Philharmoniker")

Vogelperspektive 1965: Rund 18 Millionen Mark kostete der Bau der 1963 eröffneten neuen Philharmonie nahe der Berliner Mauer

1963 wurde die nach Plänen von Hans Scharoun gebaute neue Berliner Philharmonie eröffnet, architektonisch bahnbrechender Ersatz für die 1944 zerstörte alte Philharmonie. Im Laufe der Jahre gab es Nachbesserungen an Akustik und Fassade; legendär wurde die Wohnung nebst Extraeingang, die Herbert von Karajan für sich im Neubau beanspruchte.

DIE ZEIT 5. März 1965, Nr. 10

Teuer, aber sauber

Als ausdrücklich „letzte" Summe bewilligte der Westberliner Senat jetzt weitere 900 000 D-Mark für Umbauten und Erweiterungen an der neuen Philharmonie. Neben einem größeren Betrag für die Verbesserung der Akustik sind in dieser Summe 33 000 D-Mark enthalten für Änderungen im Dirigentenraum und die Neueinrichtung eines zweiten Badezimmers. Herbert von Karajan, Chef des Berliner Philharmonischen Orchesters, hatte sein Dirigenten- und das daran anschließende Badezimmer nicht länger mit einem anderen Dirigenten teilen wollen. Der Bau der Philharmonie hat bisher über 17 Millionen D-Mark verschlungen, fast zehn Millionen mehr, als der erste Kostenanschlag Professor Scharouns vorsah.

In der Rubrik *Funk* wurden in den sechziger Jahren auch Musiksendungen besprochen. Der *ZEIT*-Kritiker verglich Robert Schumanns vierte Sinfonie in den Interpretationen Karajans und Furtwänglers, seines Vorgängers am Pult der Berliner Philharmoniker.

DIE ZEIT 2. April 1965, Nr. 14

Interpretenvergleich

Von Heinz Josef Herbort

Zwei Dirigenten gaben ihre Antwort auf die musikalische Gretchenfrage: „Wie halten Sie es mit der Romantik?" Zweimal hintereinander Schumanns vierte Sinfonie, zweimal auch die Berliner Philharmoniker. Wilhelm Furtwängler musste sich – so zeigte es der Vergleich – seine Eintragungen in die Philharmoniker-Partitur durch seinen Nachfolger Herbert von Karajan tilgen lassen.

Als Erstes die Tempi. Karajan ist – bei knapp einer halben Stunde Dauer – zwei Minuten eher fertig. Er spart die Minuten in den ersten drei Sätzen, er spart dort sogar noch etwas zusätzliche Zeit, die er im letzten Satz wieder verliert – und das alles, obwohl Furtwängler im Scherzo eine Wiederholung ausließ. Karajan zeigt Schumann die Peitsche.

Der Vorgänger: Wilhelm Furtwängler mit den Berliner Philharmonikern 1930 in der alten, später zerstörten Philharmonie

Verdeckter schon die Veränderung der Akzentgewichte. Karajan will sie aggressiver, unvorhergesehener, schlagartig und scharf. Die Rede, die Karajan hält, ist impulsiv, heftig, spontan; Furtwängler war zuvor gelassener. Sprach Furtwängler über Schönheit, über Ausgewogenheit und Gleichmaß, behandelt Karajan das Thema Dramatik. Furtwängler zog, schwer und gewichtig, klare Linien, ließ die eine in die andere übergehen: Violinen, Violinen, ein Heer von strahlenden Geigen. Karajan gliedert, seziert, ordnet logisch die Blöcke und spielt diese dann gegeneinander aus. Das Blech hat zusätzliche Bedeutung erhalten.

Und schließlich: Furtwängler hatte ein imposantes Finale zu bieten, auf das alles hinzielte, er machte einen Strich unter eine Rechnung: Jetzt! Karajan ist anfangs nicht sparsam genug. Wenn er in der unentschlossen tastenden Überleitung zum letzten Satz auf dem letzten Akkord die Pauke „hochzieht", so erzeugt er noch einmal viel Spannung, aber die Losung ist viel trivialer als erwartet.

Und noch eines zeigte die Sendung, zu der manch ein Hörer sich doch einen hinweisenden oder abschließend klärenden Kommentar erbitten wird: Die inzwischen hoch berühmte Aufnahme Furtwänglers ist ein Mitschnitt eines öffentlichen Konzertes, Karajans Einspielung geschah im Studio. In dieser Gegenüberstellung, so demonstrierten die Funk-Redakteure, hat das Live-Produkt noch einmal die hoch konfektionierten Band-Scherenschnitte bezwungen.

DIE ZEIT 12. April 1968, Nr. 15

Wagner als Kammermusik

Herbert von Karajans Salzburger Osterfestspiele
Von Heinz Josef Herbort

Er habe hier die besten Solisten, das beste Orchester, das beste Theater, die besten Bühnentechniker, sagt Herbert von Karajan und meint mit „hier" Salzburg und die Oster-Festspiele, „seine" Festspiele. „Kann man sich zum Geburtstag Schöneres wünschen?" Nun, immerhin wurde er letzte Woche zum Sechzigsten noch Ehrenbürger der Stadt, erhielt Orden und Ehrenzeichen und dazu die im vergangenen Jahr vielleicht noch fehlende Gewissheit, dass seine Festspiele als Institution etabliert und gesichert sind. Man ist zu Ostern in Salzburg, sagt Herbert von Karajan, „inzwischen eine Familie". Die Familie trifft sich heuer in zwei Konzerten, in der wieder aufgenommenen *Walküre* und in einem neuen *Rheingold.*

Zwei Stunden und zwanzig Minuten braucht Karajan für diesen „Vorabend" zur „Ring"-Trilogie und ist damit nicht sonderlich schnell: Karajans „Rheingold« ist keine hoch dramatische Schilderung von Raumbetrug und Bauskandal, sondern eher ein lyrisches Märchen, die verhaltene Überleitung von vorzeitlicher Harmonie zur kommenden Weltkatastrophe. Womit Karl Böhm 1965 in Bayreuth bei verdecktem Orchestergraben überraschte, damit brilliert Karajan in Salzburg bei offenem Graben: Man spielt Wagner im Stil von Kammermusik. Seit

Den Walküren voran: Regisseur Karajan probt in Salzburg 1967 Richard Wagners Tetralogie „Ring des Nibelungen“

dem Vorjahr ist es bekannt, doch kommt es einem wieder wie neu vor. Die Berliner Philharmoniker bieten unter Karajan riesig besetztes Wagnersches Musikdrama wie eine Sinfonie in kleinem Ensemble, mit außerordentlicher Delikatesse, mit zauberhaften Nuancen und nahtlos gleitenden Obergängen, mit zartesten Holzbläser-Kantilenen und ganz weichen, sanften Blechbläser-Akkorden, das alles so mühelos präzise und doch gänzlich unroutiniert, so sicher und so aufregend einfach. Die besten unter Karajans besten Solisten vertreten nicht die Götterwelt, sondern deren Gegenspieler. Göttervater Wotan wird mühelos von Alberich und Mime, vor allem aber auch von dem Halbgott Loge ausgestochen. Will Karajan Walhall desavouieren?

Seit Wieland Wagner die Rolle mit ihm studierte, ist Erwin Wohlfahrt als Mime unübertroffen, mehr als nur eine gequälte Kreatur; das ganze Elend einer zu spät gekommenen Intelligenz packt Wohlfahrt in diese Figur. Zoltan Kelemen als Alberich: ein dämonisch infamer Diktator, ein satanischer Lüstling und Triebverbrecher, ein geifernder Unterlegener, unheimlich in seinen dramatischen Ausbrüchen, etwa beim Fluch auf den Ring. Ein intellektueller Drahtzieher dann, ein kühl kalkulierender Manager, ein sarkastischer Spötter, ein Agnostiker, der seine Haut früh genug rettet: Gerhard Stolze als Loge mit sehr oft eher lyrischem als dramatischem Tenor, äußerst klar im Ton, sehr präzise in der Artikulation, raffiniert im Timbre-Wechsel. Fast schon im Gegensatz zu ihrem markant schwerfälligen Leitmotiv: die Riesen Fasolt (Martti Talvela) und Fafner (Karl Ridderbusch) dürfen gelegentlich flüstern, und selbst die kleinste Bemerkung im Pianissimo kommt verständlich ins Publikum.

Dietrich Fischer-Dieskaus Wotan ist ein Gentleman, ein Herr aus besten Kreisen, dem da nun einmal diese dumme Sache mit seinem Neubau passiert ist, das biegen wir schon wieder hin, und der im übrigen Schubert singt, mit sehr viel Geschmack, mit Intelligenz, mit sehr schöner Stimme. Seine Frau Fricka (Josephine Vessey) darf mit einem solchen Schöngeist auch nur, leider, mit zwar sehr schöner, aber doch allzu verhaltener Stimme und in vornehmer Zurückhaltung verkehren,

nur nicht zu nahe herangehen, auch nicht, wenn man den Gemahl bezirzen will. Über den besten Solisten, dem besten Orchester (ob es das beste Theater und die besten Bühnentechniker sind, ist hier nicht so wichtig) und dem besten Dirigenten vergaß Herbert von Karajan freilich, sich den besten Regisseur zu engagieren. Er selbst arrangierte Bilder aus der Neu-Bayreuther Schule unter starker Zuhilfenahme von Wieland Wagners vorfabrizierten Teile.

Die berühmten technischen Probleme löst Karajan mit ziemlich einfachen Mitteln: Die Rheintöchter werden gedoubelt und gleiten, auf unsichtbaren Hebebühnen, „schwimmend" den pyramidenförmigen Rheinfelsen entlang; das Gold steckt in einer Spalte dieses Felsens, wie man es herausbekommt, hält ein vorschnell fallender Zwischenvorhang geheim; auch die szenischen Verwandlungen geschehen hinter Zwischenvorhängen, und der Marsch durch die Nibelungenschmiede wird per Lautsprecher eingeblendet. Endlich wieder ein lebendiger Riesenwurm: Der Goldberg, auf dem Alberich in Nibelheim sitzt, erweist sich als aufblasbar, er wird, mit Alberich als „Kopf", gestreckt zu einer gigantischen Schlange. Schwierigkeiten bereitet Karajan die Logik der Auf- und Abgänge. Wenn Loge und Wotan nach Nibelheim hinabsteigen, verschwinden sie rechts in einer Schlucht – und kommen dann links wieder heraus. Licht spielt wieder eine große Rolle, es wird oft unmotiviert hell und dunkel. Licht muss auch die Burg Walhall symbolisieren. Karajan treibt Wieland Wagners „Entrümpelung" noch ein wenig weiter, Wotans neues Domizil existiert nicht mehr in der Realität, sondern nur noch als diffus-abstraktes Lichtgebilde. In dieses Fantasieprodukt wollen denn auch die Götter am Ende nicht mehr hinein.

Und noch eines macht nachdenklich. Zu Beginn wird rings um den Rheinfelsen der bereits aus der *Walküre* bekannte elliptische Ring, der alles in der Welt symbolisiert, sichtbar – er ist vorn auseinander gerissen. Will Karajan (mit seinem Bühnenbildner Schneider-Siemssen) sogar Richard Wagner widerlegen, der zumindest im *Rheingold*-Vorspiel eindeutig die Welt noch als heil charakterisiert?

Geknirscht hatte es zwischen den Berliner Philharmonikern und ihrem Chefdirigenten auf Lebenszeit schon länger – doch 1983 löste das Probespiel der Klarinettistin Sabine Meyer einen offenen Machtkampf aus. Das Orchester lehnte die von Karajan favorisierte Musikerin ab, Uneinigkeiten mit dem Land Berlin kamen hinzu, und 1989 endete die Ära Karajan nach 33 Jahren.

DIE ZEIT 28. April 1989, Nr. 18

Das Ende einer Epoche

Ein Brief Herbert von Karajans an seine(n) Vorgesetzte(n) macht alles klar | Von Heinz Josef Herbort

Nun ist er also gesprungen. Herbert von Karajan hat, jeder Zoll ein absolutistischer Souverän, seine Dienstherrin, die allenfalls „sehr geehrte Frau" Berliner Kultursenatorin Anke Martiny, gebeten, „zur Kenntnis zu nehmen", dass er „mit heutigem Datum" (24. April 1989) seine „Arbeit" als „künstlerischer Leiter und ständiger Dirigent des Berliner Philharmonischen Orchesters beende".

Zunächst sieht dies wie eine einsichtige Reaktion aus: dessen, der weiß, dass seine eskalierenden Erkrankungen immer häufiger zu Verschiebungen oder Totalabsagen zwangen; der spürt, wie selbst in einer zum musikalischen Ereignis sich versammelnden Gesellschaft der Gang ans Podium zum zwar mit Ovationen eingerahmten, gleichviel peinlichen Spießrutenlauf wird; der ahnt, dass sein Dirigieren zwar

immer noch vieles andere Kapellmeistern weit distanziert, aber doch nicht mehr wie früher die künstlerischen Maßstäbe einer ganzen Welt höher und höher schraubt; der sich eingestehen muss, dass er mit nachlassender eigener Gestaltungskraft mehr und mehr vom künstlerischen Selbstverständnis des Orchesters abhängig wurde und dass nur noch dank Konzentration und Disziplin (oder Routine) des Ensembles die Qualität einigermaßen zu halten ist.

Aber der zweite Teil des lediglich „mit verbindlichen Grüßen" garnierten Scheidungsbriefes lässt erkennen, dass weniger Einsicht als Verbitterung, weniger der verantwortungsbewusste Blick in die Zukunft als der beleidigte in die Vergangenheit, weniger die geforderte Sorge um Qualität als das fordernde Pochen auf unumschränkte Rechte Karajans Entschluss diktierten. Schon der alte CDU-Senat mochte diese durch nichts gerechtfertigten Machtansprüche Karajans nicht bestätigen. Da der neue SPD/AL-Senat die Serie der seit mehr als sechs Jahren immer wieder aufflackernden Vertrauenskrisen und Kompetenzstreitereien je eher desto lieber beenden wollte, konnte Herbert von Karajan nur die Flucht nach vorn antreten.

Anders als 1954, da bei Furtwänglers Tod dessen Widersacher und Konkurrent Karajan nur noch „mit tausend Freuden" ja zu sagen brauchte, ist unter den wie Großwildkatzen lauernden und zum Sprung bereiten Pultstars noch kein Favorit zu erkennen – und wir können wohl kaum Sinnvolleres tun, als dem Orchester das Vergnügen wie die Qual zu lassen, musizierend sich selber den ihm gemäßen Chef auszusuchen. Seit Jahr und Tag haben ja Orchesterleiter unterschiedlichster Art und variierenden Formats von A(bbado) bis Z(ender) als Gäste die Arbeit verrichten müssen, die der ständige Leiter als, cum grano salis, Gast im eigenen Hause nicht mehr leistete. Ein Viertel der Planstellen ist in den letzten vier Jahren neu besetzt worden. Diese heterogenen Kräfte einzubinden, das Ensemble neu zu prägen, kontinuierlich an dessen Profil zu modellieren, wird eine allerhöchst dringliche Aufgabe für den Nachfolger sein, die ganze Kraft und konzentrierten Einsatz und die Bereitschaft verlangt,

nicht sofort wieder an die lukrativen Vermarktungschancen, an die multimediale Omnipräsenz zu denken.

Die Lücken in den Programmen sind nur zu deutlich: in der Musik vor 1780 und nach 1920, in Mischformen zwischen großer und kammermusikalischer Besetzung, vor allem in den experimentellen Ausbrüchen und neu instrumentierten raum-zeitlichen Utopien durch die jüngste Avantgarde. Wer hier am sinnvollsten und effektivsten dienen kann, weiß nur das Orchester selber – kein Abonnent und kein Kritiker, kein Intendant und kein Senatsdirektor, kein Platten- oder TV-Mogul und kein alternativer Stadtteil-Kulturist.

Als Herbert von Karajan 1954 die Furtwängler-Nachfolge angetragen wurde, stellte er eine Bedingung: Vertrag auf Lebenszeit. Durch Schaden klug genug geworden, werden die Philharmoniker eine ähnliche Bedingung nicht noch einmal erfüllen. Das wichtigste Musikinstrument (nicht nur) des westlichen Deutschland verträgt nur den elitärsten Anspruch – und dem wird nur der je Beste gerecht. Ihn freilich wollen wir stets froh begrüßen und dankbar feiern.

Dieser Statist in einer Verfilmung der Oper „Carmen" ist zugleich ihr Regisseur, Dirigent und Produzent: Karajan in den sechziger Jahren

Am 16. Juli 1989 starb Herbert von Karajan 81-jährig in Anif bei Salzburg.

DIE ZEIT 21. Juli 1989, Nr. 30

Der Herr der Klänge

Herbert von Karajan: Die Macht und die Musik. Zum Tode des großen Dirigenten | Von Hanjo Kesting

Als er 80 wurde, im April 1988, waren die Superlative, die ihn hätten rühmen können, längst verbraucht. „Der kleine, fast schmächtige Mann scheint ins Gigantische zu wachsen, beherrscht mit seinem Zauberstab das Orchester, das Publikum, den Raum und die Zeit", schrieb eine westdeutsche Illustrierte. Es war einer von vielen mehr oder weniger ohnmächtigen Versuchen, die Bewunderung für Herbert von Karajan, für das oft beschworene „Wunder Karajan", dessen staunende Zeugen wir Zeitgenossen, ob musikinteressiert oder nicht, rund vier Jahrzehnte lang sein konnten, noch einmal in Worte zu fassen, in jene Sprachformeln des Absoluten, die Karajan allein angemessen schienen.

Doch je höher sich die Lobreden verstiegen, desto unvermeidlicher wurden sie zum Echo der grandiosen Werbe- und Zaubersprüche, die Karajans Plattenfirmen in diesen Jahrzehnten ersonnen und dann auch tonnenweise hatten drucken lassen: „Magier des Taktstocks",

„Botschafter der Musik", „Generalmusikdirektor der ganzen Welt". Karajan, dessen Sendungsbewusstsein diesen Resonanzboden offenbar brauchte, hat es geschehen lassen, wahrscheinlich sogar gefördert. So wurde er schon zu Lebzeiten zum Denkmal – entrückt in eine nicht mehr ganz menschliche Sphäre. Eben zum „Wunder Karajan".

Aber es gab auch Probleme mit diesem Wunder, und der Tod des 81-jährigen in Anif bei Salzburg, der nicht nur die so genannte musikalische Welt trifft und betrifft, vermag diese Probleme nicht zu verdecken. Bei Karajan, dem Vielbewunderten, aber immer auch Umstrittenen, ist das Problematische geradezu die Kehrseite des Wunderbaren. Wie kein anderer hat er im Bewußtsein der Allgemeinheit die klassische, die ernste Musik verkörpert. Er war der berühmteste aller Dirigenten und wahrscheinlich der berühmteste lebende Künstler überhaupt. Sein Name wurde schon früh zum Markenzeichen, zum Symbol. Symbole verweisen über die reale Erscheinung hinaus auf etwas Allgemeines. Karajan war das Symbol des Dirigenten, der Dirigent schlechthin, und sein Name diente der Öffentlichkeit, gerade der nichtmusikalischen, als Synonym für seinen Berufsstand. Damit wiederum verbanden sich Vorstellungen von Machtausübung und Herrschaft, wie sie in so unumschränkter Form heute kaum irgendwo sonst noch anzutreffen sind. Als rein musikalisches oder künstlerisches Phänomen lässt sich das kaum verstehen. Karajan – und darin besteht die gleichsam überpersönliche Problematik dieses Künstlers – konnte zum Inbegriff dirigentischer und musikalischer Allmacht werden, weil er nicht nur in musikalischen Kategorien dachte, sondern stets auch in solchen von Macht und Wirkung.

Der „Magier des Taktstocks", der in den letzten Jahren immer zurückgezogener lebte, bedingt wohl auch, aber gewiss nicht ausschließlich, durch seine Krankheit, ein schweres Rückenleiden, fast weltabgeschlossen in einer familiär umsorgten Einsiedlerexistenz, er übte gleichwohl eine gewaltige, ja unvergleichliche Medienmacht aus, blieb allgegenwärtig: auf Schallplatten, im Rundfunk, im Fernsehen und auf Videokassetten, aber auch, immer noch und

immer wieder, in Konzertsälen, auf Festspielen. Wer ihn bei seinen späten Auftritten, von Schmerzen gepeinigt, angetrieben von einem, wie es schien, unbeugsamen Willen, zum Dirigentenpult buchstäblich sich schleppen sah, der empfand Beklommenheit und respektvolle Bewunderung und auch eine erschrockene Anteilnahme, wie sie dem gefeierten Dirigenten früherer Jahre, der aus nichts als tätiger Energie zu bestehen schien, damals wohl nur selten zuteil wurde.

Karajans Strenge, Unzugänglichkeit, Unnahbarkeit, die bei allem Glanz, aller Ausstrahlung stets zu seinem Persönlichkeitsbild gehörten, waren nun, da ihn ein Lufthauch König Learscher Alterseinsamkeit umgab, menschlicher durchwärmt, und das Nachlassen seiner physischen Kraft, dann zuweilen auch seiner dirigentischen Prägnanz, begriff man, teils mit Schmerz, teils mit Erleichterung, als den Tribut, den auch dieser Heros der Kunst den Grenzen der Menschheit am Ende zollen musste. Doch das öffentliche Bild Karajans bestimmte noch immer der Ruhm, der strahlende Glanz seiner Epochen-Persönlichkeit. Es war unmöglich, ihr nicht irgendwo, irgendwann zu begegnen, und da ist keiner, der das Erinnerungsbild nicht beschwören kann: Karajan, die Augen wie in Trance geschlossen, in den Händen mit weich fließenden, doch ungemein präzisen Bewegungen den Taktstock führend, dies fragile Zeichen von Herrschermacht, zugleich aber mit wachem Bewusstsein, mit größter Energie das Orchester und ein unsichtbares Medien-Imperium lenkend, leitend, dirigierend.

Und auch in einem anderen Sinn war er allgegenwärtig, nämlich in allen Zentren des Musiklebens in Europa und Übersee. Weshalb man die Nachricht von seinem Tod überall als das Ende einer Ära, einer musikalischen Epoche interpretieren wird: in Berlin, wo er fast fünfunddreißig Jahre lang der auf Lebenszeit gewählte Chefdirigent seines Orchesters, der Berliner Philharmoniker, war; in London, wo in den fünfziger Jahren ein Zentrum seines Wirkens war; in Mailand, wo er unvergessliche Aufführungen an der Scala leitete, deren musikalischer Chef er viele Jahre lang war; in Amerika und Japan, wo er oft und mit fantastischem Erfolg gastierte; und natürlich

in Österreich, seiner Heimat, wo er sieben Jahre lang als Leiter der Wiener Staatsoper amtierte in der sicher glanzvollsten Ära des Hauses nach dem Zweiten Weltkrieg (obwohl sogar er, der Konkurrenzlose, von diesem Haus in Streit und Unfrieden schied); schließlich in Salzburg, seiner Geburtsstadt, wo er seit 1956 mit einer einzigen Pause von vier Jahren der Spiritus rector, der unbestrittene Chef, der Mittelpunkt und Magnet, vor allem auch der Kassenmagnet der Salzburger Festspiele war. Nun ist die Salzburger Szene verändert: Mit Karajan verliert sie ihren größten und derzeit wohl einzigen Aktivposten. Mag sein, dass sich in die Trauer um Karajan aber auch erste Seufzer der Erleichterung mischen.

Denn Karajan, der große Dirigent, war auch ein großer Autokrat, der es seinen Partnern, die die Vollstrecker seines Willens zu sein hatten, zuletzt immer schwerer machte – nicht nur in Salzburg. Er selbst sorgte am meisten dafür, dass sein Ruhm sich einzutrüben begann, aus hellem Glanz ins Zwielicht geriet. Da war der lange Streit mit den Berliner Philharmonikern; da waren ungute Nachrichten über hoch subventionierte Orchestertourneen nach Fernost, die offenkundig mit dubiosen privaten Finanzinteressen verquickt waren; da waren die quälenden Diskussionen über die Zukunft der von Erstarrung bedrohten Salzburger Festspiele, bei denen Veränderungen niemals gegen Karajan möglich waren, aber am Ende auch nicht mehr mit ihm; und da war schließlich der schwelende Groll des Berliner Orchesters und mancher Verdruss auch in der Berliner Kulturpolitik, denen Karajan nur eigenen Verdruss und Groll entgegensetzte.

Immer häufiger erschien er in der Rolle des hochfahrenden, altersstarrsinnigen Musikimperators, dem es schwer fiel, von seiner Macht Abschied zu nehmen, den richtigen Zeitpunkt für sein Abtreten zu bestimmen. Als er dann, im Sommer des letzten Jahres, überraschend aus dem Direktorium der Salzburger Festspiele zurücktrat und als er, nicht weniger überraschend, im April dieses Jahres die Chefposition „auf Lebenszeit" bei den Berliner Philharmonikern kündigte, „aus gesundheitlichen Gründen", wie er verlauten ließ, aber

doch wohl eher aus berechtigter Verärgerung über gewisse subalterne Respektlosigkeiten, da fehlte diesen Rückzügen, diesen Abschieden eben das, worauf ein Künstler vom Range Karajans eigentlich wohl Anspruch hätte – die Würde. Doch war er selber nicht unbeteiligt am traurigen Spektakel. Und das verdunkelte für den Augenblick sogar seine unbestreitbaren Verdienste, seine einzigartige Karriere, die faszinierende Kunst des Dirigenten. Doch wie viel wiegen die Ärgernisse, wenn man sie misst an Karajans Leistung?

Karajan, der Sohn eines Arztes, am 5. April 1908 in Salzburg geboren und dort aufgewachsen, hat sich seine imperiale Stellung als Dirigent schwer erarbeiten müssen. Die Inkarnation von Allmacht, die er in seiner zweiten Lebenshälfte verkörperte, war zwar nicht das zwangsläufige Resultat seiner musikalischen Leistung, ist aber ohne sie undenkbar. Er wollte anfangs Pianist werden, trat mit zehn Jahren in Salzburg öffentlich auf, entschied sich dann aber fürs Dirigieren. Er studierte am Mozarteum bei Franz Schalk und Bernhard Paumgartner und debütierte als Dirigent 1927, gerade 19-jährig, mit *Fidelio* in Salzburg. Danach war er Korrepetitor, Kapellmeister und schließlich Operndirektor in Ulm, ging die Ochsentour, lernte das Handwerk, die Praxis unter den Bedingungen der Provinz. Sie ernüchterten, entmutigten Karajan nicht, da er Ansprüche zu stellen wusste – die höchsten an sich selbst.

1935 ging er nach Aachen, als der damals jüngste Generalmusikdirektor in Deutschland. Von hier aus holte man ihn zu Gastspielen an die Staatsoper Berlin, wo er gleich das erste Repertoire dirigieren durfte: *Fidelio* und *Zauberflöte*, *Meistersinger* und *Tristan*. Und eine triumphale *Elektra*, die der alte Richard Strauss fasziniert miterlebte.

Maestrissimo: Auf den gängigen Ikonen dominiert Karajan als moderner Magier – visionär aus dem Dunkel ins Orchester greifend

Es war eine märchenhafte Karriere in politisch schlimmer Zeit, von dem musikbesessenen Karajan zielbewusst geplant. Gleich zweimal, so hat der Musikforscher Fred K. Prieberg herausgefunden, ist der junge Karajan in die Führerpartei eingetreten: im April 1933 in Salzburg, was er lange verschwieg, und im Herbst 1935 in Aachen, wozu er sich bekannte: Er sei in die NSDAP eingetreten „wie andere in den Alpenverein". Man darf es ihm glauben. Und verblüffen mag nur, dass Karajan kein Wort des Bedauerns hinzufügte, kein Eingeständnis seines politischen Irrtums. War das, wie dezidierte Karajan-Kritiker meinen, ein frühes Merkzeichen moralischer Insuffizienz? Wohl eher darf man darin jene charakteristische Mischung aus Ehrgeiz, künstlerischem Fanatismus und apolitischem Kulturtraditionalismus sehen, die auch die Triebkraft von Karajans späterer, von intellektuellen und künstlerischen Anfechtungen verschont bleibender Weltkarriere wurde. Darin wird er schon früh als ein Dirigent neuen Typs erkennbar: in dieser Verbindung eines eher altmodisch-anachronistischen Kunst-Ernstes mit einer entschlossen modernistischen, medienbewussten Wirkungsästhetik.

Karajans Aufstieg fiel in eine Zeit, in der Wilhelm Furtwängler, der große Repräsentant eines spätromantischen Mystizismus, die musikalische Szene beherrschte. Karajan, der als Chef der Berliner Philharmoniker sein Erbe antreten sollte, war als Dirigent, in technischer wie stilistischer Hinsicht, eher sein Antipode, gleichsam eine ins Österreichisch-Deutsche übersetzte Variante seines großen Vorbilds Toscanini, zu dessen Aufführungen er schon in den späten zwanziger Jahren gepilgert war. Furtwänglers Ressentiment gegenüber Karajan hatte gewiss hier eine seiner Ursachen. Es konnte nicht verhindern, dass das Berliner Orchester Karajan als Furtwänglers Nachfolger wählte. Mit dieser Verbindung des besten deutschen Orchesters mit dem brillantesten, vor allem aber energievollsten Dirigenten begann Karajans grandiose Karriere in die Höhen des Welt- und des Medienruhms, die er mit einer beispiellosen Dirigier- und Organisationstätigkeit planvoll ausbaute. Er gründete eine Stiftung für Forschungen im Grenzbereich zwischen Musik und

Naturwissenschaft, rief Dirigier- und Orchesterwettbewerbe zur Nachwuchsförderung ins Leben und baute eine eigene Film- und Produktionsfirma auf. Schallplattenaufnahmen, Bühnenaufführungen und Fernsehfilme entstanden im präzise kalkulierten Kreislauf auf der Grundlage eines Professionalismus, in dem Leistungsethos, kulturelles Sendungsbewusstsein und ein ständig waches Technikinteresse sich wechselseitig abstützen und ein Höchstmaß an Effizienz verbürgen sollten.

Wie kein anderer Künstler verband Karajan künstlerische und ökonomische Macht und bestätigte noch im Nachhinein das Wort Adornos, der ihn schon in den fünfziger Jahren den „Genius des Wirtschaftswunders" genannt hatte. Selbst die Hobbys und Marotten dieser Zeit, die Lust an schnellen Autos, am Fliegen, an technischem Brimborium, waren, so betrachtet, mehr als bloße Äußerlichkeiten. Karajan, fasziniert durch die Möglichkeiten der Technik, wurde zum Pionier der Musik im elektronischen Zeitalter: Darin vor allem, mehr noch als in der Kunst musikalischer Interpretation, liegt seine epochale Rolle. Aber der Hieronymus im stählernen Gehäuse der Moderne lieferte sich auch deren unbegriffenen Widersprüchen und unauflösbaren Aporien aus: von Kunst und Kommerz, von Technik und Magie.

Für die Musik, das Erbe einer großen Tradition, liegt darin eher eine Gefahr als die Verheißung demokratischer Befreiung. Wohl deswegen ist Karajan wie kein anderer unter den großen Dirigenten auch wütend geschmäht, höhnisch kritisiert, entschlossen bekämpft worden. Doch die Kritik richtete sich nur selten gegen den Dirigenten Karajan, dessen singulärer Rang, immense Könnerschaft, dessen Feinnervigkeit und äußerste Klangfarben-Sensibilität nur von Böswilligen bestritten werden kann. Niemand hat, in den fünfziger und sechziger Jahren, so schlank, so kraftvoll, mit oft schneidendem Brio, Brahms- und Beethoven-Sinfonien dirigiert, Sänger so einfühlsam mit belkantistischer Phrasierungskunst begleitet wie Karajan. Die Callas soll nach einer Aufführung von Donizettis *Lucia di Lammermoor* 1955

in Berlin in die Knie gegangen und Karajan die Hand geküsst haben. Und auch *Cosi fan tutte, Hänsel und Gretel, Der Rosenkavalier* und *Der Troubadour* sind, man muss es aussprechen, musikalisch fixierte Sternstunden, die man niemals mehr missen möchte. Und noch die *Salome* von 1978 ist im gleißenden Reichtum an Klangfarben ganz ohne Vergleich. Und doch ist Karajans Schönheitskult, sein Bemühen um reinen Wohlklang und schiere Perfektion, zuletzt auch von Sterilität bedroht gewesen, hat ihn gleichsam versteinern lassen, wie den Kaiser in Richard Strauss' *Frau ohne Schatten.* Der Dirigent, dem es immer auch um Macht und Märkte, Wirkungen und Umsätze ging, dem die Kunst nicht zu heilig war für ganz profane ökonomische Verflechtungen und der wie ein moderner Midas die große musikalische Vergangenheit in klingende Münze verwandelte, er hat auch musikalische Erfahrung in bloßen Konsum, geistige Substanz in hoch dotierte Luxusartikel verwandelt.

Aber damit hat er nur, genialer als andere, womöglich auch verhängnisvoller, die Grundtendenzen unserer Kultur, nicht nur der musikalischen, verkörpert. Mit dem beispiellosen Siegeszug dieses Dirigenten, den die Mitwelt als den allergrößten feierte und nun betrauert, hat die Musik auch etwas von ihrer Unschuld verloren. Aus diesem Zwiespalt ist auch beim Abschied kein Ausweg zu finden.

Bildnachweis

10 EMI Classics
13 W.E.Baur, Zürich/EMI Classics
15 Hulton-Deutsch Collection/Corbis
16 Siegfried Lauterwasser/EMI Classics
19 SV-Bilderdienst/AP
20-21 Werner Neumeister, München
22 picture-alliance/akg-images
30 ullstein bild
35 Erich Lessing/Magnum Photos/Agentur Focus
40 Jung/ullstein bild
43 picture-alliance/akg-images
46-47 Siegfried Lauterwasser
52 Siegfried Lauterwasser
58 Siegfried Lauterwasser/EMI Classics

DIE ZEIT Klassik-Edition

Musik zum Lesen und Hören

Band 01 | Yehudi Menuhin
Brahms, Bruch: Violinkonzerte
ISBN 3-476-02201-3

Band 02 | Herbert von Karajan
Sibelius: Sinfonien Nr. 2 und 5
ISBN 3-476-02202-1

Band 03 | Elisabeth Schwarzkopf
Richard Strauss: Vier letzte Lieder,
Szenen aus „Der Rosenkavalier"
ISBN 3-476-02203-X

Band 04 | Sabine Meyer
Mozart und Weber:
Klarinettenkonzerte
ISBN 3-476-02204-8

Band 05 | Sergiu Celibidache
Bruckner: Sinfonie Nr. 4 Es-Dur
„Romantische"
ISBN 3-476-02205-6

Band 06 | Pablo Casals
Bach: Suiten für Cello solo
ISBN 3-476-02206-4

Band 07 | Martha Argerich
Schumann, Bartók, Prokofjew:
Klavierkonzerte
ISBN 3-476-02207-2

Band 08 | Roger Norrington
Wagner: Vorspiele und „Liebestod"
ISBN 3-476-02208-0

Band 09 | Nigel Kennedy
Vivaldi: Die vier Jahreszeiten,
Mendelssohn: Violinkonzert
ISBN 3-476-02209-9

Band 10 | Wilhelm Furtwängler
Beethoven: Sinfonie Nr. 9
ISBN 3-476-02210-2

Band 11 | Maria Callas
Wahnsinns-Szenen von Donizetti,
Bellini und Thomas
ISBN 3-476-02211-0

Band 12 | Simon Rattle
Strawinsky: Le sacre du printemps,
Janáček: Sinfonietta
ISBN 3-476-02212-9

Band 13 | Maurizio Pollini
Chopin: Klavierkonzert Nr. 1,
Nocturnes, Balladen, Polonaisen
ISBN 3-476-02213-7

Band 14 | Jacqueline du Pré
Elgar: Cellokonzert,
Brahms: Cellosonate F-Dur
ISBN 3-476-02214-5

Band 15 | Leonard Bernstein
Berlioz und Milhaud: Orchesterwerke
ISBN 3-476-02215-3

Band 16 | Alban Berg Quartett
Schubert: Streichquartette Nr. 10 und
Nr. 14 „Der Tod und das Mädchen"
ISBN 3-476-02216-1

Band 17 | Dietrich Fischer-Dieskau
Schubert: Winterreise, Die Forelle,
Erlkönig
ISBN 3-476-02217-X

Band 18 | Mariss Jansons
Schostakowitsch: Sinfonie Nr. 5,
Klavierkonzert Nr. 1, Jazz-Suite Nr. 1
ISBN 3-476-02218-8

Band 19 | Mstislaw Rostropowitsch
Dvořák und Schumann: Cellokonzerte
ISBN 3-476-02219-6

Band 20 | Otto Klemperer
Mahler: Sinfonie Nr. 2 c-Moll
„Auferstehung"
ISBN 3-476-02220-X

Gesamtreihe: Die ZEIT Klassik-Edition
ISBN 3-476-02200-5

Im Internet unter:
www.zeit-klassikedition.de